KOWALSKI
EDITORE

Fabrizio Fontana

JAMES TONT:
LICENZA DI RIDERE

Prima edizione aprile 2004

www.kowalski.it

007

TONT a Zelig

Tont prima di salire sul palco, dietro le quinte, scherza con Bisio.

Tont: “Claudio, ho saputo che farai il remake di grandi film...”.

Bisio: “Film?”.

Tont: “Sì: *A qualcuno piace calvo*, *Piccolo grande uovo* e *Via col vento*!”.

dal dottore

Tont va dal dottore perché la cura che gli ha dato non fa effetto.

Il dottore: “Ma signor Tont, è ancora raffreddato ed è pure sbronzo! Ma non ha preso la tachipirina?”.

Tont: “Oh, cacchio, no! Ho preso la tachipiroska!”.

TONT al convegno

Durante una pausa del convegno dal titolo *Può un agente segreto diventare famoso?*, un collega russo si vanta con Tont: “Pensa che una volta su un grattacielo ho sparato a un cecchino e ho anche preso una medaglia”.

Tont: “Fokkalabindella, che mira…”.

mistico

Nonnotont e i suoi amici decidono di andare a fare un viaggetto a Lourdes.

Tont li accompagna alla corriera e prima che questi salgano decide di metterli un po’ di buon umore: “Sapete cosa disse la pastorella quando vide l’apparizione della Madonna? ‘Devo smetterla di farmi le canne’”.

TONT
studente ritardatario

Tont, come al solito, arriva tardi a scuola.

La prof: "Tont sentiamo che scusa ti inventi oggi...".

Tont: "Prof, scusi, ho avuto un problema con la macchina...".

Prof: "Ma se non ce l'hai la macchina...".

Tont: "È questo il problema!".

Pillole di saggezza

Non ci sarebbe nulla di negativo nella violenza se non facesse male a nessuno.

NUOVISSIME PAROLE D'ORDINE!

Meglio un giorno da leone... che una vita da Moira Orfei.

Mogli e buoi... hanno qualcosa in comune con le vacche.

ToNT grande oratore

James Tont parla a un convegno mondiale di agenti segreti.

"E quindi, cari colleghi, le attuali congiunture ci portano ad analizzare con scrupolo la situazione prima di agire a scanso di..."

Un collega dal pubblico grida: "Tont, parla come mangi!".

Tont: "AGNAMGNAMGNAM"... PROT...!".

TONT vs Bartezzaghi

Tont, in vacanza con gli amici, è impegnato a fare le parole crociate.

A un certo punto alza la testa dal giornale e chiede ai suoi amici: "Sapete chi disse per primo la celebre frase: 'Mi son montato la testa'? Ingvar 'Ikea' Kamprad, il padrone dell'Ikea!".

discussioni

Tont durante un'accesa discussione con un collega anziano: "Agente 0079, tu continui a sputare sentenze...".

"Temi la verità, Tont?"

"Non è per le sentenze, è il fatto che mi sputi in faccia che mi dà fastidio!"

TONT e la pecorella

"Nonno, che fine ha fatto la pecorella smarrita?"
"Questo bisognerebbe chiederlo al pastore che l'ha ritrovata."

generosità

Babytont al babbotont: "Papà, quando sono grande mi compri la vespa?".
"Una? Se fai il bravo te ne compro un nido."

SEGRETISSIMO

DAL DIARIO SEGRETO DI J. TONT

Quando ero piccolo desideravo tanto avere un cavallo. Mio nonno mi aveva regalato un pony per il mio compleanno, l'avevamo chiamato Tobia.

Mi ero affezionato tantissimo a Tobia, eravamo diventati una cosa sola. Vivevamo e mangiavamo insieme.

Anche il nonno si era affezionato tanto, diceva che gli aveva ridato la giovinezza.

Poi un giorno ci alzammo e trovammo Tobia agonizzante. Aveva avuto un malore durante la notte. Mio padre chiamò il veterinario, che arrivò subito e cercò di fare di tutto per salvarlo. Noi eravamo lì ammutoliti, a sperare che si salvasse. Il cavallo aveva gli occhi spenti.

Nonno uscì fuori di senno e cominciò a gridare: "NOOO, NOOO, Tobia, NOOO. Non posso permettere che tu soffra così, riprenditi. Dio, fa che si riprenda". E cominciò a sbattere la testa contro il muro e a imprecare. A un certo punto il veterinario prese una pistola, la caricò e disse: “Non posso vederlo soffrire così, preferisco abbatterlo”. E sparò.

Peccato. Volevo tanto bene al nonno.

ToNT
e il tempo tiranno

James Tont ha passato una serata a far baldoria con il suo amico Sean Connery.

A sera Sean deve ripartire per Hollywood e Tont decide di immortalare la serata con una foto.

I due arrivano davanti al negozio di un fotografo. Sean, entusiasta, indica la vetrina: “Look, James, qui fanno le foto in un’ora”.

Tont: “Nooo, troppo lenti. Perdi l’aereo…”.

e la religione

Tont in un convento chiede a un monaco: “Come si fa a rinunciare ai piaceri della carne?”.

Il monaco, sornione: “Facile, basta andare solo con donne vegetariane”.

TONT
e le donne

Tont e i suoi amici parlano di donne e tutti si vantano delle loro conquiste amorose.

A un certo punto Tont fa lo sbruffone e interviene: “Oh, ragazzi, una volta ero in missione e sono stato con una... la chiamavo Tombola”.

Gli amici: “E perché tombola?”.

Tont: “Faceva dei numeri!...”.

ATTREZZI del mestiere INDISPENSABILI

ORINATOIO DA VIAGGIO PER IL CANE ZEROZERO-SETTER

ORINATOIO DA CAMERA PER IL CANE ZEROZERO-SETTER

L'OROLOGIO CHE SEGNA SEMPRE L'ORA X

TONT
confidenze

Un collega di James Tont si confida durante una missione.

“Ho paura che mia moglie vada a letto con tutti i miei amici.”

E Tont: “Come si fa a diventare tuo amico?”.

TONT
e le promozioni

Tont viene contattato da un responsabile dell'Associazione mondiale degli agenti segreti.

"Caro signor Tont, due notizie, una buona e una cattiva. La prima è che il nostro presidente è purtroppo deceduto, la seconda è che il consiglio voleva chiederle se le piacerebbe prendere il suo posto."

Tont ci pensa un attimo e poi replica: "No, grazie. Non mi va di essere schiaffato in una bara e sepolto vivo".

BabyToNT a scuola

Lezione di geografia: la maestra spiega i vulcani e Babytont si annoia.

La maestra finisce di spiegare e chiede agli alunni: “Avete domande?”.

Babytont: “Sì, io una. Sai cosa dice un vulcano appena nato? ‘Magma…’”.

I TRUCCHI
del mestiere

Tutti noi abbiamo sognato di essere agenti segreti, vivere avventure misteriose ed entusiasmanti, essere famosi, ricercati, ma soprattutto sedurre le Bond Girls. O le Tont Girls. Ecco alcuni trucchi da utilizzare in caso di pericolo, svelati dal nostro agente segreto preferito.

1° TRUCCO:
LIBERARE UN OSTAGGIO SENZA PAGARE IL RISCATTO

Cosa occorre

- Un ostaggio.
- Uno o più rapitori.
- Un agente segreto.
- Uno stagista a cui dare la colpa in caso l'operazione dovesse fallire.
- Un vocabolario italiano-sardo o almeno tre cd a memoria dei Tazenda.

Dotazione speciale

Per questa difficile missione occorre avere una dotazione speciale. Il primo elemento fondamentale è una **radio**.

Una radio serve per comunicare con il rapitore e anche per ascoltare la propria musica preferita durante l'appostamento. Evitate di condurre operazioni la notte di Capodanno: la musica potrebbe travolgervi e potreste divenire un facile bersaglio per i rapitori.

Istruzioni

1 Una volta raggiunto il luogo dove viene tenuto l'ostaggio e i rapitori sono asserragliati, estraete il megafono e cominciate la trattativa. Per prima cosa occorre capire se si tratta di rapitori sardi o rapitori non professionisti. Come fare? Semplice, se spiando nel nascondiglio vi accorgete che l'ostaggio anziché perdere peso ha preso dieci chili si tratta di rapitori sardi.

2. Una volta accertato che si tratti di sardi, evitate in ogni modo di entrare in conflitto e creare tensione. La situazione potrebbe precipitare.

2 cose da non dire assolutamente ai rapitori sardi

1. No, grazie, non bevo vino.
2. Il Cagliari non tornerà mai in serie A.

Piano A

Cose da fare per farsi amici i sardi:

1. Estraete dal taschino il **dizionario italiano-sardo**.
2. In caso non lo abbiate, memorizzate questa **frase chiave**: "Aiò piccioccusu faeisi a bravusu lassai perdi su poerittu e andausu tuttusu a buffai Cannonau".

In caso il piano diovesse fallire, o il vostro accento dovesse tradirvi, attuate il piano B.

Piano B

Troppo difficile, passate al piano C.

Piano C

Salite sul tetto e cercate un varco per entrare nell'appartamento. Se lo trovate, **cercate un gatto** e scagliatelo contro il rapitore dall'alto.

Questo piano non è risolutivo ma almeno procurerete qualche graffio al rapitore, che dovrà poi fare i conti con la moglie che gli farà una scenata una volta fuori dall'edificio.

Una volta terminato o fallito il piano C, passate al piano D.

Piano D

Chiamate la **polizia**.

Se non dovesse arrivare la polizia è possibile l'ultima via d'uscita. Il piano E.

Molto pericoloso, soprattutto per voi.

Piano E

Siete sicuri?

Questo piano ha una percentuale di riuscita del 100%. Di rado viene adoperato perché è molto doloroso per chi lo attua.

Siete pronti?

Ok, procuratevi una **pelliccia di pecora** e camminate carponi in prossimità dell'uscita secondaria.

OPERAZIONE DOLOROSA MA EFFICACE

TonT a Broadway

Tont decide di portare la sua nuova conquista Catherine Zeta-Jones a vedere un musical.

Si fermano davanti al più bel teatro di Broadway.

Lei lo guarda negli occhi e gli dice: "Look, James, questo spettacolo c'è dal 20 al 27 gennaio".

Tont: "Cacchio, troppo lungo!".

dal medico

Il medico: "Signor Tont, le avevo detto di portare un campione di urine. Chi è questo vecchietto?".

Tont: "È mio nonno. Un vero campione. Sono sette anni che si piscia addosso!".

ToNT
le misure contano

James Tont ha un appuntamento con Cameron Diaz, che arriva apposta in Italia per passare il weekend con lui.

Tont arriva puntale al luogo stabilito, ma di Cameron non c'è traccia.

Tont aspetta ancora. Niente. Dopo mezz'ora arriva Cameron, e con un sorriso smagliante si scusa: "I'm sorry, Tont, mi sono persa in macchina".

Tont: "Fokkalabindella, che macchina grande che hai!".

BabyTONT a scuola

Maestra: “Qual è l’argomento che ti è piaciuto di più di storia?”.

Babytont: “I fenici”.

Maestra: “Perché?”.

“Perché vissero tutti fenici e contenti.”

012

Come si chiamava 007 quando era piccolo?

012.

TONT
missione Tibet

Dopo aver passato tre giorni in un monastero, a un certo punto Tont si alza, si dirige verso una porta e la apre dicendo: “Ho trovato l’illuminazione”.

E i monaci in coro: “Tont, quello è il frigo!”.

NUOVISSIME PAROLE D'ORDINE!

Chi primo arriva... è un eiaculatore precoce.

Chi primo arriva... lo decide Tony Renis.

Chi semina vento... è Fedro del Grande Fratello. PROOT PROOT...

ToNT
in albergo

"Quanto costa una singola?"
"Dipende dalla vista."
"Io sono miope, mi fa lo sconto?"

TONT
e il regno animale

Durante un appostamento notturno con un collega, Tont osserva i pipistrelli e ne dice una delle sue: "Cosa dice un pipistrello che ha preso il Viagra pendendo da una trave? 'Senza maniiiii…'".

e le auto

Tont incontra un amico con una macchina nuova. "Che bella macchina, bella grossa, eh?"

"Sì, pensa che ha solo due settimane."

"Fokkalabindella, chissà quanto sarà grossa tra qualche mese…"

ToNT
e i cerotti

La nuova fidanzata di Tont lo sorprende mentre sistema garza e cerotto su una finestra.

"Ma che fai, amore?"

"Il dottore mi ha detto di metterli dove ho sbattuto."

Pillole di saggezza

Non ci sarebbe nulla di male
nel matrimonio se solo non fossi
costretto ad avere una moglie.

L'importante non è vincere ma salire
subito sul carro dei vincitori.

NUOVISSIME PAROLE D'ORDINE!

Non è bello ciò che è bello... ma è bello ciò che è ricco.

Ride bene... chi sa già a chi dare la colpa.

SCOOPSCOOPSCOOP SCOOPSCOOP SCOOP

Tont ha scelto la sua squadra del cuore, per ovvi motivi è l'Inter!

James Tont ha piazzato alcune microspie negli spogliatoi dell'Inter per capire meglio la situazione. Ecco che cosa ha captato con i suoi potenti mezzi.

Intercettazione numero 6544. Cuper intervistato sulle cause delle sconfitte ripetute dell'Inter.

GIORNALISTI: "Cuper, come mai? Come spiega queste sconfitte? Se le aspettava? Cosa dirà al presidente Moratti?".

CUPER: "Al presidente chiederò di lasciarmi perdere".

GIORNALISTA X: "Ancora?".

Intercettazione numero 4334. Conversazione tra Moratti e alcuni giocatori trovati positivi all'antidoping.

GIOCATORE X: "Glielo giuro, presidente. È stato il Mister, Cuper. Lui c'ha detto di fare filtro!".

Intercettazione numero 5673. Riunione segreta di Moratti con alcuni giocatori.

MORATTI: "Per il prossimo anno vogliamo uno sponsor adatto al gioco della squadra. La Juve sarà sponsorizzata dai computer Apple perché è organizzata ed efficace; il Milan dalla Ferrari perché è veloce e vincente; e noi, indovinate chi avremo?".

GIOCATORE Y: "GUTTALAX, perché fa...".

MORATTI: "...grazie...". (*risate degli astanti*)

Intercettazione numero 9924. Diverbio tra Cuper e il presidente Moratti dopo una sconfitta.

CUPER: "La verità, caro presidente, è che bisogna saper perdere...".

MORATTI: "No, Mister, la verità è che bisogna anche saper vincere!".

TONT
e il ciclismo

Un amico citofona a Tont: “Tont, scendi! Dai, prendi la bici”.

Tont: “No, non mi va, sono stanco...”.

Amico: “Dai, Tont, ci si diverte...”.

Tont: “No, poi chissà quando torniamo, che sbattimento”.

Amico: “Ma va’, Tont, te lo prometto, facciamo solo un giro...”.

Tont: “Cipollini, non insistere. L’ultima volta che mi hai detto così siamo stati via tre mesi!”.

TONT e lo sceicco

Tont, in Arabia Saudita, incontra un grande sceicco, famoso per essere molto tirchio.

Tont, incuriosito, chiede: “Dimmi, sceicco, come mai non dividi le tue ricchezze e tieni tutto per te? Non sai che devi morire?”.

L’uomo ribatte con un filo d’amarezza: “Fin da ragazzino ho sempre conservato e ora che sono vecchio ho accumulato una grossa fortuna. Questa fortuna è destinata al mio unico erede, mio figlio, che è partito tanti anni fa e non ho mai più visto. Appena tornerà tutto sarà suo”.

Tont lo guarda e dice: “Papà, allaramallahrallah...”.

2° TRUCCO:

COME IDENTIFICARE UN PACCO BOMBA

Uno dei peggiori nemici degli agenti segreti sono le lettere e i pacchi bomba.

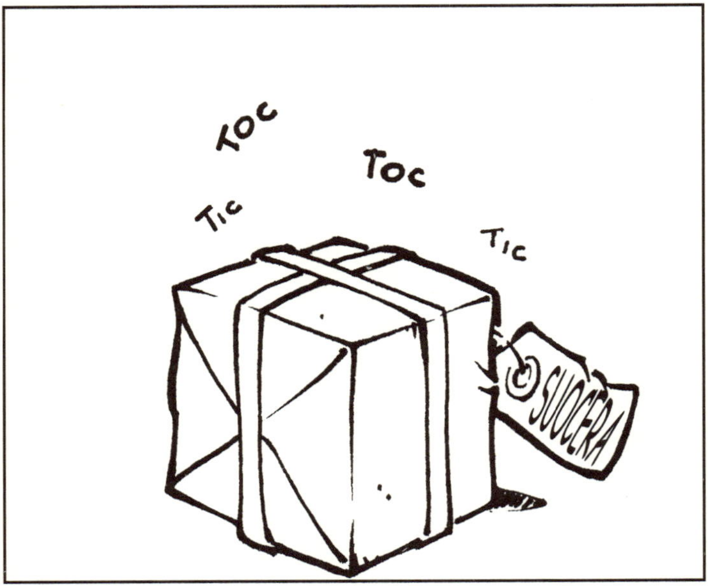

Indizi per distinguere un pacco bomba

1. Il fattorino non vuole i soldi della consegna.
2. Il fattorino ti dà la mancia se prendi in fretta il pacco e scappa a gambe levate.
3. Il fattorino chiede: "È lei la vittima? Ehm... il signor X?".
4. Sulla confezione c'è scritto: "Tranquillo, non contiene una bomba".
5. Sullo spazio dedicato al mittente c'è scritto: "Non sono stato io".

Una volta identificato il pacco bomba non serve farlo brillare. Chiamate le poste e mandatelo come POSTACELERE a vostra **suocera**. D'altra parte ha iniziato lei a riciclare i regali, no?

ToNT e i pedinamenti

A Tont viene chiesto di pedinare un uomo che tradisce regolarmente la moglie.

Tont decide di cambiare strategia e chiede: “Perché tradisci tua moglie?”.

L’uomo risponde: “Perché nel paese vicino c’è un locale in cui donne giovani e belle si vendono per pochi spiccioli”.

“E a che ora apre questo locale?”

incontro decisivo

Il primo incontro di James Tont col suo cane zerozero-setter.

Appena lo vide lo mandò a comprare il giornale.

Dopo dieci minuti Tont tornò con il giornale e il cane gli diede uno zuccherino.

TONT mistico

Tont in un convento si confida con dei frati.

Uno spiega che prima era un ricco rampollo e trascorreva le giornate a fare bagordi e spassarsela con le donne. Poi è arrivata la chiamata e ha smesso.

Allora Tont dice: "Anch'io passo le giornate a spassarmela e a fare bagordi...".

"E non ti è arrivata la chiamata?"

"Sì, ma tanto a me al quarto squillo mi parte la segreteria telefonica..."

in azione

Tont deve effettuare un inseguimento nel deserto.

Un collega del luogo lo consiglia: "Tont, sali su quella duna!".

"La duna? Ma sei pazzo? La duna si pianta nella sabbia. Secondo me nel deserto è meglio il gippone..."

AntenaToNT

Molte migliaia di anni fa, un vecchio antenato di James Tont andò in missione in un villaggio molto povero. Era un'epoca in cui imperversavano maghi, ciarlatani e aspiranti profeti.

La popolazione aveva fame e un pescivendolo chiese a Tont: "Gustavo Tont, ci aiuti, siamo solo due poveri pescivendoli e abbiamo soltanto due pesci".

Il popolo supplicò: "Tont, moltiplicali!".

Tont, senza esitazioni, li moltiplicò. In pochi istanti, nessuno credeva ai propri occhi: davanti a loro, due pesci e ventisette pescivendoli.

NUOVISSIME PAROLE D'ORDINE!

Occhio non vede... smetto di toccarmi.

Chi dorme... ha visto Marzullo.

Cielo a pecorelle... pastore volante.

Chi va a Roma... prende l'Eurostar.

TONT
debutto in società

Tont viene invitato in uno dei famosi salotti milanesi.

Sta piacevolmente parlando con una ragazza. Parlano di tutto, e soprattutto del delicato tema della fame nel mondo.

Lei dice che non ha problemi e le piace aiutare chi ha bisogno. “D’altra parte papà, sai... ehm... magnate.”

Tont fa una pausa, la guarda e sorridendo dice: “Magnate? E te credo che magnate, con tutti i soldi che c’ha tuo padre...”.

TONT alla Notte degli Oscar

Durante la cerimonia di consegna dell'Oscar, Tont è seduto accanto al suo amico Pierce Brosnan. Pierce è molto emozionato, potrebbe vincere l'Oscar.

Tont invece è molto rilassato, scherza, fa battute, si diverte.

A un certo punto, il presentatore della serata crea un'atmosfera di suspense e annuncia: "...and the winner is...".

Tont si guarda intorno, vede tutti ammutoliti, allora si fa coraggio. Scatta in piedi e urla: "The winner is... an icecream! Ah ah ah, l'hai capita? Winner è il gelato, ah ah ah, bellissima...".

ToNT a cena

Tont viene invitato a cena da Penelope Cruz.

I due si trovano in uno dei ristoranti più esclusivi di New York.

Penelope vuole brindare all'incontro e chiede: "Tont, beviamo qualcosa?".

Tont: "Sì, champagne!".

Penelope: "Sì, dai, prendiamolo brut".

Tont: "No, no, prendiamolo buon, una volta che usciamo...".

Pillole di saggezza

Il deserto non sarebbe così male
se oltre alla sabbia ci fosse il mare
e qualche villaggio turistico.

TONT
in Egitto

Cos'ha detto James Tont in Egitto davanti a tutte quelle mummie?

"Fokkalabindella, sembra di essere al *Paolo Limiti Show*!"

latin lover

Un amico di Tont lo invita a ballare in discoteca. Tont non ha molta voglia.

L'amico insiste: "Dai, è bello, pieno di donne, è una discoteca anni ottanta".

Tont: "Anni ottanta? Noo, troppo vecchie. Non mi piacciono le Velone!!".

ToNT in extremis

James Tont viene chiamato per salvare un ragazzo che minaccia di buttarsi da un grattacielo.

Con un elicottero lo accompagnano in cima all'edificio e il capo della polizia gli spiega la gravità della situazione: "Il ragazzo è figlio di un ricco industriale della città. Bisogna essere cauti ed evitare che compia un gesto così folle".

Tont, pieno di entusiasmo, guarda negli occhi il capo della polizia e deciso assicura: "Non si preoccupi, capo, piuttosto che permettergli di suicidarsi vado lì e lo uccido!".

TONT da Oscar

Tont sta tenendo un discorso all'università davanti a una platea di studenti molto interessati.

A un certo punto uno studente si alza in piedi e chiede: "Tont, ci può dire qualcosa sulla vita?".

"La vita è bella."

"Ma è un po' banale..."

"Sì, ma magari vinco l'Oscar!"

ATTREZZI del mestiere INDISPENSABILI

BIGLIETTO DA VISITA PER RESTARE IN INCOGNITO

ASSICELLA PER EVITARE LE URLA DELLE MOGLI

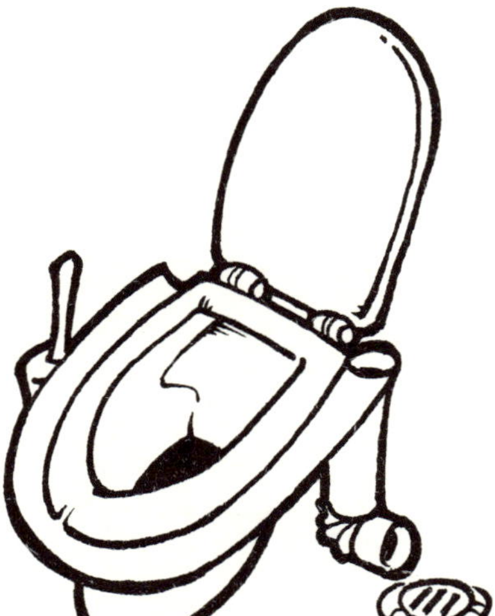

CIPOLLA MODIFICATA GENETICAMENTE CON GENI DI PORNOSTAR

QUANDO LA TAGLI...
INVECE DI PIANGERE TI FA RAGGIUNGERE L'ORGASMO

TONT autocritico

Tont, in viaggio con un amico, sta parlando di vita, di sogni, di prospettive.

A un certo punto l'amico lo affronta: "James, fai un po' di autocritica".

E Tont, senza scomporsi: "Ok, in effetti devo ammettere che lo sterzo non è il massimo, il cambio è un po' duro, i freni andrebbero sistemati...".

scusate il ritardo...

Tont, come al solito, arriva in ritardo a un appuntamento con gli amici.

Ma per fortuna ha sempre una scusa buona. "Ragazzi, scusate il ritardo, ho preso un navigatore satellitare economico. Sapete qual è la menata? Si ferma a chiedere informazioni!"

reparto di ginecologia

Una coppia di vecchi amici di Tont lo invita a vedere il loro primogenito.

“Guarda che tesoro, ha preso gli occhi dalla madre, il naso dal padre.”

Tont: “E chi è, Hannibal the Cannibal?”.

a scuola di mimetismo

“Agente Tont, perché non riesce a mimetizzarsi?”

“È che a scuola di agenti segreti avevamo come insegnante un camaleonte vecchio. Faceva solo bianco e nero...”

3° TRUCCO:

COME SOPRAVVIVERE AL MORSO DI UN SERPENTE VELENOSO

A chi non è capitato di imbattersi in un velenosissimo serpente?

Se vi dovesse per caso capitare, ecco una guida rapida per sopravvivere.

Occasioni a rischio

1 In una **boutique**: "Carina questa sciarpa di pitone, posso provarla?".

2 Al **sex shop**: “Non avete qualcosa di più GROSSO?”.

3 Dal **concessionario d’auto**: “Bella questa macchina firmata Dolce e Gabbana. Tutto pitonato... e che strano volante...”.

Se uno di questi casi dovesse verificarsi, dato che è difficile distinguere i serpenti velenosi dai non velenosi, la prima precauzione è quella di **lasciar perdere i pitoni** in generale.

Domande da fare al pitone per distrarlo

- Ma Adamo davvero non voleva prendere la mela? Ed Eva era davvero così disinibita?
- Ma tu sei maschio o femmina?

Se il serpente attacca

Nel caso in cui il serpente, per nulla incantato, dovesse attaccare, ecco come procedere con la ferita:

1. **Succhiare via il sangue**. Nel caso in cui il punto non sia raggiungibile con la bocca, cercate qualcuno nei paraggi che succhi per voi.
2. Nel caso in cui il qualcuno nei paraggi sia una **donna**, mentite sul punto in cui siete stati morsi.
3. Nel caso ci si trovi in prossimità di un **locale gay**, be', non è poi così male morire per un morso di serpente.

BarzelleToNT

Cosa fanno un agente segreto inglese, uno africano, uno francese, uno cinese, uno spagnolo, uno tedesco, uno giapponese e uno indiano?

United Colors of Benettont!

TONT
burlone con gli amici

Tont e gli amici, in Sardegna, stanno facendo un falò in spiaggia.

Uno dei suoi amici si è appartato con una biondina e sta facendo lo splendido. "Vedi, quella è la Via Lattea, il Carro..."

Tont decide di alleggerire il clima. Si avvicina e dice alla ragazza: "Sai cosa disse Armstrong quando vide i corpi celesti? 'Uh, guarda... i Puffi'".

vs Piero Angela

Tont, a casa con gli amici, guarda alla televisione un interessante documentario sui dinosauri.

Gli amici lo stuzzicano un po', allora lui parte: "Oh, ragazzi, sapete cosa disse l'ultimo sopravvissuto dei *Tirannosaurus rex*? 'Spero che un giorno inventino la lavatrice'".

ATTREZZI del mestiere INDISPENSABILI

BARBA RASATA FINTA

PER CAMUFFARSI DA UOMO APPENA SBARBATO

OCCHIALI A RAGGI XXL

PER VEDERE LE DONNE NUDE E TUTTE MAGGIORATE

Pillole di saggezza

Sbagliare è umano. Perseverare è umano. È insistere che è da pirla!

La malattia non sarebbe grave se non mi facesse stare così male.

TONT
e le auto

Tont deve acquistare una nuova auto e va insieme ai suoi amici da un concessionario molto fornito.

Dopo aver provato varie auto e studiato accuratamente le caratteristiche, gli amici suggeriscono a Tont di provare una Smart.

Tont: “Una Smart? Piccola. Lo sapete chi la voleva? Giuliano Ferrara. Una volta è andato da un concessionario ed è salito su una Smart. Il venditore gli fa: ‘Come va?’. E Ferrara: ‘Un po’ attillata, ma mi sta bene’”.

TONT
e il ciclismo

Tont, in vacanza in Grecia, sta facendo un pedalata serale con gli amici.

A un certo punto chiede: “Sapete cosa prende la fidanzata di un ciclista che ha paura di rimanere incinta? La pillola del giorno doping”.

e il calcio

Tont si trova con gli amici a scherzare su donne e calcio.

A un certo punto la spara grossa: “Ieri sera guardavo un programma di calcio, ero lì che orientavo l’antenna perché non si capiva cosa dicevano…”.

“Che guasto era?”

“No, nessun guasto, stavano parlando Biscardi e Gattuso!”

BabyToNT e la nonna

Babytont chiede a Nonnotont: “Come mai io non ho la nonna?”.

Nonnotont: “È una lunga storia, piccolo: tanti anni fa è caduta dal decimo piano ed è finita in cielo”.

Babytont: “Fokkalabindella, che rimbalzo!”.

da piccolo

“Mamma, ma il water gira?”

“No, Babytont.”

“Allora mi sa che ho fatto la cacca nella lavatrice...”

Nonno TONT dall'oculista

"Con queste lenti finalmente potrà leggere e scrivere."

"Ma lei ha fatto un miracolo..."

"Perché?"

"Perché fino a ieri ero analfabeta."

DAL DIARIO SEGRETO DI J. TONI

Il cinema è legato a un ricordo dolceamaro. Era il mio compleanno e la mamma per festeggiare mi aveva portato a vedere *Il Re Leone*. Mi aveva comprato il popcorn e la Coca-Cola.

A metà film ho sentito che dovevo andare in bagno, ma ho cercato di resistere e di trattenerla. Dopo un po' non ce l'ho fatta più: eravamo a metà film e ho fatto una corsa verso il bagno con mia mamma che mi strillava dietro.

Sono arrivato. Prima di me c'era un signore, ho bussato. Niente. Me la sono fatta addosso. Mi ricordo che ci sono rimasto malissimo.

E mamma mi ha riportato a casa senza che potessi vedere la fine del film. Ecco, questo è il ricordo del mio diciottesimo compleanno.

TONT allegerisce la tensione

Tont si trova in aereo con un vicino un po' fifone.

Allora, per cercare di farlo rilassare un po', gli dice: "Senta questa: 'Dottore, mia moglie non fa più l'amore'. Il dottore, facendo l'occhiolino: 'Lo fa, lo fa…'".

a scuola di agenti segreti

Tont viene sorpreso dal suo maestro: "Tont, ma che fai, la cacca davanti alla porta dell'hotel?".

"Certo, c'è scritto spingere."

BabyTONT a scuola

Maestra: “Qual è l’hobby preferito di tua madre?”.
Babytont: “Mia madre succhia i pigiami”.
Maestra: “Che vuol dire succhia i pigiami?”.
Babytont: “Ieri l’ho sentita che diceva a papà: ‘Dai, levati il pigiama che te lo succhio!’”.

ATTREZZI del mestiere INDISPENSABILI

PISTOLA LANCIAGUTTALAX

NON UCCIDE IL NEMICO MA LO RENDE INOFFENSIVO

MAGLIA MIMETICA

NUOVISSIME PAROLE D'ORDINE!

Chi più spende... tua moglie con la tua carta di credito.

Finché la barca va... non è il *Titanic*.

Ogni lasciata... non era abbastanza porca.

Donna nana... lavora al circo.

TONT
asceta

Tont, al Giro d'Italia, sta scherzando con il suo amico Cipollini, che gli racconta dell'India: "Una volta sono caduto e un santone mi ha preparato un rimedio per guarire... son guarito subito".

Tont: "Loro sanno fare tutto, anche andare in bici. Sai perché i santoni sono bravi ad andare in bici? Perché hanno la bici con il cambio sciamano".

ToNT e l'Informatont

Tont chiama le ferrovie: “Mi sa dire quanto impiega il treno Roma-Milano?”.

“Un attimo!”

“Grazie.”

Click!

missione Tibet

Tont si sfoga con il suo amico buddista: “Sono andato in un monastero buddista ma non mi hanno fatto entrare”.

“Come mai?”

“C’erano i buddafuori.”

TONT
e le letterine

Tont litiga con la sua ragazza perché è bella e attraente, ma ogni volta che apre bocca gli fa fare figuracce.

Lei replica indignata: “Tont, ma io sono una letterina...”.

E Tont, sarcastico: “Amore, sei una letterina? Allora fai l’H muta!”.

in India

Tont, in India per un convegno internazionale di spionaggio, si intrattiene a parlare con due colleghi indiani.

Dopo un po’, dato che la chiacchierata si prolunga, dice: “Perché non venite a mangiare con me?”.

“Ci sono problemi se siamo indù?”

Tont: “Ma va, indù, in tre, non c’è problema...”.

TONT
e il saggio

Tont incontra un vecchio saggio che dice un sacco di cose interessanti.

Tont chiede: “Ma come mai mi dice tutte queste cose?”.

L’uomo: “Sono Confucio”.

E Tont: “In effetti, anche io sono un po’ incasinato ora, troppi concetti…”.

4° TRUCCO:
COME COMBATTERE CON UN ALLIGATORE

Prima nozione utile sugli alligatori:
coprirgli gli occhi li rende vulnerabili

Se l'alligatore vi attacca evitate di

1. Adottare un tono arrogante e dire: "Lei non sa chi sono io!".
2. Chiedere come mai sta piangendo.
3. Portargli i saluti di sua sorella-cinturino di orologio.
4. Dire frasi tipo: "...e io chiamo mio cugino che ti gonfia come una zampogna".

Nel caso in cui l'attacco persista potete difendervi in vari modi

1. Offritegli una **Big Babol** gigante in modo che lo tenga impegnato per un po' di tempo.

2 Legategli un lazo sulla testa, fategli penzolare un pesce davanti agli occhi e usatelo per fare **sci nautico**.

3 Prendete un paio di **stivaletti di coccodrillo** in ostaggio e minacciate di slacciarli.

4 Nel caso in cui nessuno dei consigli dovesse funzionare, **pazienza**, nessuno saprà mai che li avevate letti.

Pillole di saggezza

Per essere felici basta semplicemente non avere problemi.

TONT e i vip

Tont, al bar con gli amici, sta scherzando sfottendo un po' dei vip che frequenta abitualmente.

A un certo punto fa: "A Natale ho comprato il disco di Adriano Pappalardo".

L'amico chiede: "Come regalo?".

Tont: "No, come antifurto!".

TONT
missione Russia

L'agente segreto mandato da Tont come infiltrato nella mafia russa viene scoperto. Tont è chiamato a rapporto dal capo.

Capo: "Tont, ma come hai fatto a mandare l'agente XY in missione in Russia come infiltrato?".

Tont: "Ma gli ho spiegato tutto, era addestrato: sapeva il russo perfettamente, più quindici dialetti minori tra cui quelli di Kiev, Minsk e periferia di Mosca".

Capo: "Sì, ma...".

Tont: "Ha studiato letteratura, storia e geografia russa".

Capo: "Sì, ma...".

Tont: "Si è integrato negli usi e costumi russi, dal Bolšoj, al brindisi con la vodka, al vestito col tipico colbacco, non so come abbiano potuto scoprirlo".

Capo: "Tont! L' agente XY è nero!".

ToNT e il curioso Pappalartont

Pappalardo dopo *L'Isola dei Famosi* diventa famoso, vuole fare un concerto e parla entusiasta con l'organizzatore: "Finalmente torno a cantare dal mio pubblico, voglio fare un concerto con tutto il mio repertorio!".

Organizzatore: "Ah, mi spiace, ma abbiamo dei limiti di tempo, al massimo un'ora".

Pappalardo: "Un'ora? E io che cacchio faccio negli altri 57 minuti?".

TONT
al cinema

Tont e gli amici devono decidere cosa andare a vedere al cinema.

Le ragazze, come al solito, vogliono vedere un film romantico, i ragazzi un film horror.

Dopo un'ora di tira e molla Tont suggerisce: "Perché non andiamo a vedere l'ultimo film di Dracula?".

"Quale?"

Tont: "Endovena chi viene a cena".

ATTREZZI del mestiere INDISPENSABILI

BORSA DA VIAGGIO MIMETICA PER IL CANE ZEROZERO-SETTER

NESSUNO SOSPETTERA' IL CONTENUTO DEL BAGAGLIO

IL NAVIGATORE SATELLITARE BALBUZIENTE

PER VIAGGI LUNGHI E TRANQUILLI

ToNT nel deserto

Cosa disse James Tont quando per la prima volta andò in missione nel deserto?

"Quanta sabbia, portatemi cento palette e cento secchielli e non disturbatemi per trenta ore!"

grande seduttore

Tont viene intervistato da un'avvenente giornalista.

Lui, per fare colpo, comincia a vantarsi: "Una delle grandi doti di noi agenti segreti è quella di saperci mimetizzare in ogni situazione e con ogni persona".

In quel momento passano due taoisti e Tont, per dimostrare quanto stava dicendo, dice: "Guarda, adesso li saluto alla loro maniera". Poi sorride ai due taoisti: "Tao, tao, come tate?".

TONT
e gli equipaggiamenti

Tont va nel negozio degli oggetti per agenti segreti.

Il commesso dice: "Prenda questo orologio, costa un po' di più ma è impermeabile".

Tont ci pensa su, poi replica: "No, no, prendo il più economico, tanto chi se ne frega se mi bagno un po' il polso...".

Pillole di saggezza

Che te ne fai dei soldi? Per essere felici basta e avanza un bel conto in banca.

Si può essere immortali? Certo, ma non per più di settanta/ottant'anni.

ToNT simpaticone

All'esame di agente segreto Tont decide di risollevare il morale dei colleghi, molto preoccupati per l'esito finale.

"Non è sempre negativo essere tesi. Come quei due peni che si incontrano all'università, uno fa all'altro: 'Ti vedo teso'. 'Per forza, oggi c'ho l'orale…'."

TONT
biblico

Tont sta discutendo con gli amici sul fatto se si sia più disinibiti ai giorni nostri o nei tempi antichi.

A un certo punto Tont sostiene che non ci sia differenza: "D'altra parte anche Eva era molto disinibita... e Adamo non era certo un santarellino. Sapete cos'ha detto Adamo a Eva la prima notte? 'Dai, amore, adesso sfogliati!'".

NonnoToNT
e le gare

Nonnotont è seduto con un amico su una panchina.

"Sai che differenza c'è tra quando siamo piccoli e adesso che abbiamo ottant'anni? Prima facevamo a gara a chi la faceva più lontano. Ora a chi la fa più spesso."

e l'amore

Nonnotont alla bocciofila confessa a un amico: "Io e mia moglie facciamo l'amore quasi tutti i giorni".

"Davvero? E come fate?"

"Quasi lunedì... quasi martedì..."

Pillole di saggezza

Rubare è stupido. Basta semplicemente chiedere in prestito e poi non restituire.

5° TRUCCO:

COME SALTARE DA UN PONTE DIRETTAMENTE NEL FIUME

Anche se apparentemente può sembrare stupido, ci sono situazioni in cui gettarsi nel fiume potrebbe essere necessario.

Situazioni in cui gettarsi nel fiume è indispensabile

1. Portate il **parrucchino** e cinque minuti prima di un appuntamento galante vi vola nel fiume.
2. Avvistate vostra **suocera** che sta per affogare e volete assicurarvi che anneghi veramente.

In ogni caso non è consigliabile buttarsi d'istinto attingendo al repertorio da piscina comunale, tipo:

- a bomba,
- alla Cristo.

TUFFO A BOMBA

TUFFO ALLA CRISTO

Ecco alcuni facili consigli per **spiccare un balzo** degno del migliore James Bond:

1. Tenere i piedi uniti.
2. Tenere il corpo rigido.
3. Tenere, per scaramanzia, le mani sulle palle.

Nonostante questo sia il metodo più sicuro, ci potrebbero essere degli **inconvenienti**.

- Se il corpo non è completamente rigido potreste rimanere vivi ma fratturarvi le gambe.
- Oppure, viceversa, potreste morire ma con le gambe perfettamente integre.

Nel caso in cui non vogliate correre questo rischio ma raggiungere comunque il fiume, ecco l'ultimo infallibile consiglio.

4 Seguite la segnaletica e scendete al fiume tramite la scaletta.

BarzelleTONT

Cosa fanno un inglese, un francese, un tedesco, uno spagnolo, un coreano, un tailandese e un cinese?

Boh, qualcosa faranno, se no sai che due palle...

ToNT a Londra

"Scusi, cosa vuol dire 'I don't know'?"
"Non lo so."
"Ok. Allora chiedo a qualcun altro."

al bar

James Tont è al bar con alcuni amici.

"Ragazzi, vi presento un mio amico, dice un po' di parolacce e non parla bene l'italiano."

"Come mai?" chiede un amico. "È straniero?"

Tont: "No, è Vieri".

TONT e l'intervista

Tont viene intervistato da un noto quotidiano.

"James Tont, cosa pensa delle donne sotto il militare?"

Tont: "Sono favorevole, soprattutto se il militare sono io!".

impegnato nel sociale

Tont intervistato da una giornalista.

"Che hobby ha?"

"Faccio il volontario per la Croce Rossa. Mi faccio male apposta per dare una mano a quelli dell'ambulanza."

TONT
e le droghe

Tont spiega agli amici i pro e i contro dell'uso delle droghe. E poi spiega che non siamo solo noi umani a far uso di droghe. Infatti, sapete cosa fa un'acciuga che prende un acido?

Alice nel paese delle meraviglie...

Pillole di saggezza

Essere poveri è brutto. Però anche non avere una lira.

È molto facile essere ricchi, basta avere un sacco di soldi.

6° TRUCCO:

COME SALTARE FUORI DA UN'AUTO IN CORSA

In alcune occasioni potrebbe rendersi necessario saltare fuori da un'auto in corsa.

Situazioni in cui è consigliato

1. L'auto sta per esplodere.
2. Il tassista vi ha chiesto una cifra troppo alta.
3. Vostra moglie è alla guida e vi state schiantando contro un muro.

Questi sono casi clamorosi. Ma ci sono altri piccoli casi in cui è più difficile rendersi conto del pericolo.

Alcuni indizi per capire se è il caso di buttarsi da un'auto in corsa

1. Il navigatore satellitare comincia a recitare: "AVE MARIA, PIENA DI GRAZIA...".

2. Anche l'airbag si mette la cintura di sicurezza.
3. L'arbre magique si tocca insistentemente le palle.

In questi casi occorre farsi coraggio e saltare dall'auto in corsa.

Operazioni necessarie prima di buttarsi

1. Aprite lo sportello.
2. Assicuratevi di saltare a un'angolazione che vi porti fuori dalla traiettoria dell'auto.
3. Cercate di atterrare su una superficie morbida: campi d'erba e televendite di materassi con Mastrota.
4. Evitare di saltare IN PROSSIMITÀ DI BOSCHI.

5 Cominciate a rotolare appena toccate il suolo.

Se avete seguito scrupolosamente queste indicazioni siete salvi.

A meno che non siate rotolati nelle vicinanze di un campo di **football americano**.

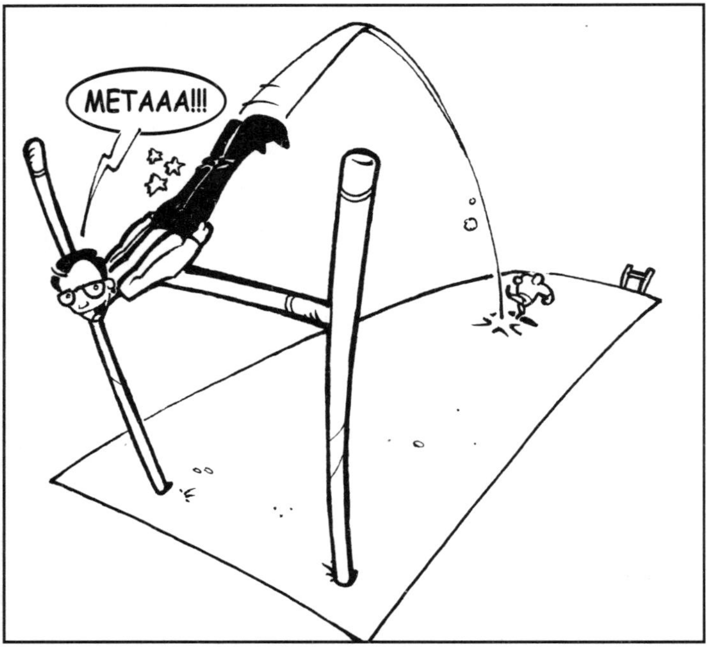

NUOVISSIME PAROLE D'ORDINE!

Donna baffuta... le regalo l'Epilady.

Chi più ne ha... è pieno di donne.

Quando il gioco si fa duro... ho preso il Viagra.

TONT
al museo

Tont, al museo, sta guardando attentamente un quadro.

A un certo punto arriva una guardia e gli indica un mozzicone per terra. “È sua quella cicca?”

Tont: “No, per carità, l’ha vista prima lei!”.

Baby TONT e il lotto

Mamma rimprovera il piccolo Tont.

"Ma come, ti avevo detto di giocare al lotto..."

"Lo so, ma ho fatto tardi, sono arrivato che erano già l'otto e mezzo. Troppo tardi!"

aspirazioni

"Tontino, cosa farai quando sarai grande come il papà?"

"Per prima cosa un trapianto di capelli!"

ToNT
ottimo guidatore

Tont in missione ha difficoltà a trovare il luogo dell'appuntamento.

Consulta la guida ma non riesce a trovare la strada.

Allora chiama la base e dice: "Ho qui davanti il Tuttocittà ma non trovo la strada".

"Dove sei arrivato?"

"A pagina 45."

Pillole di saggezza

È facile risolvere il problema della fame nel mondo. Basta semplicemente aprire più ristoranti.

Perché cercare l'ago in un pagliaio se lo si può facilmente trovare nelle mutande?

ToNT in videoteca

"Buongiorno, vorrei un dvd della sitcom *Friends*."
"Quale? Ne hanno fatto diverse serie."
"No, allora serie no. Volevo le puntate divertenti..."

ToNT
critico musicale

Tont, invitato a far parte della giuria del più grande concerto dell'anno con tutti i cantanti più importanti, fa i confronti: "Guarda Renato Zero, come gesticola, come si muove, come si agita: è un vero animale da palcoscenico. Guarda Pappalardo, come gesticola, come si muove, come si agita: è un vero animale... e deve ancora salire sul palco!".

Stampa Grafica Sipiel
Milano, aprile 2004